O futuro de um país tem a cara de sua escola no presente

e outras frases educacionistas

EDITORA
intersaberes

www.educacionista.org.br
www.cristovam.org.br

O futuro de um país tem a cara de sua escola no presente

e outras frases educacionistas

Cristovam Buarque

EDITORA intersaberes

Rua Clara Vendramin, 58 . Mossunguê
CEP 81200-170 . Curitiba . PR . Brasil
Fone: (41) 2106-4170
www.intersaberes.com
editora@editoraintersaberes.com.br

Conselho editorial Dr. Ivo José Both (presidente); Drª. Elena Godoy; Dr. Nelson Luís Dias; Dr. Neri dos Santos; Dr. Ulf Gregor Baranow » Editora-chefe Lindsay Azambuja » Supervisora editorial Ariadne Nunes Wenger » Analista editorial Ariel Martins » Preparação de originais Keila Nunes Moreira » Design de capa e miolo Sílvio Gabriel Spannenberg » Iconografia Sandra Sebastião

Dados Internacionais de Catalogação na Publicação (CIP)
(Câmara Brasileira do Livro, SP, Brasil)

Buarque, Cristovam
"O futuro de um país tem a cara de sua escola no presente" e outras frases educacionistas / Cristovam Buarque. – Curitiba: InterSaberes, 2012.

Bibliografia
ISBN 978-85-8212-493-2

1. Educação 2. Educação – Brasil 3. Ideologia 4. Sociologia educacional I. Título.

12-11140   CDD-306.43

Índices para catálogo sistemático:
1. Educacionismo: Sociologia educacional   306.43
2. Sociedade e educação: Sociologia educacional   306.43

1ª edição, 2012.
Foi feito o depósito legal.

Informamos que é de inteira responsabilidade do autor a emissão de conceitos. ❧ Nenhuma parte desta publicação poderá ser reproduzida por qualquer meio ou forma sem a prévia autorização da Editora InterSaberes. ❧ A violação dos direitos autorais é crime estabelecido na Lei nº 9.610/1998 e punido pelo art. 184 do Código Penal.

Sumário

Dedicatória 7
Apresentação 9

1. Escola e educação 11
2. Educador e Educacionista 29
3. Educação e futebol 37
4. Criança 41
5. Política 49
6. Educação e história 73
7. Universidade e educação básica 83
8. Economia e ética 93
9. Analfabetismo e leitura 103
10. Mandamentos educacionistas 109
11. Ser educacionista é... 113

Dedicatória

Aos muitos milhões de brasileiros que foram deixados para trás pela falta de uma boa educação.

"Em vez de deixarmos um mundo melhor para nossos filhos, deveríamos deixar filhos melhores para o mundo".
(Frase citada no *site*: <http://pensador.uol.com.br/autor/tio_escobar/>.)

....

"Em vez de um mundo mais rico para nossos filhos, deveríamos deixar filhos mais educados para o mundo".
(Versão educacionista)

Apresentação

Em 6 de outubro de 2006, dia seguinte à eleição presidencial, fiz um discurso na tribuna do Senado lançando o Movimento Educacionista, que tem por objetivo promover a educação universal de forma integral e com a mesma qualidade para todos, independentemente da classe social do aluno. O movimento, apartidário, defende que somente pela revolução na educação o Brasil poderá vivenciar plenamente seu enorme potencial de riquezas e distribuí-las de maneira justa.

Desde então, fiz dezenas de viagens e centenas de discursos e palestras, que resultaram numa coletânea de frases e ideias. Algumas foram transformadas em conceitos, outras, em pensamentos para reflexão. Com elas, quero provocar o debate e criar alguns princípios que definam com clareza o sentimento, o entendimento e o compromisso dos educacionistas. Convido você a ler, a refletir e a debater essas frases, os acertos e os erros que elas contêm e, sobretudo, a propor novas frases, ideias e utopias que possam ajudar a construir a ideia do educacionismo e sua força política.

Cristovam Buarque
Brasília, setembro de 2012.

1
ESCOLA E EDUCAÇÃO

A escola é o aeroporto para o futuro.

A escola de qualidade desigual é
a fábrica da desigualdade social.

A escola de qualidade para todos
é a fábrica da igualdade social.

Escola, família e mídia formam
a trindade da educação.

Os brasileiros jamais comprariam em lojas parecidas com a escola onde deixam seus filhos.

Educar é abrir os olhos dos que
não sabem os nomes das coisas,
não sentem a beleza que delas
emanam, não desejam consertar
os defeitos que elas têm.

Mesmo as mentes mais poderosas
viam o mundo por pequenas
brechas e com olhos embaçados.

Educar é abrir o tamanho das frestas
para a observação das coisas e para
reduzir a névoa que encobre os olhos.

Quase tudo o que a gente vê em uma escola do presente já deveria estar em um museu de como era a escola do passado.

Se as escolas do Brasil fossem mostradas ao povo, como nos programas de *"reality shows"*, talvez o país despertasse para a tragédia que estamos construindo.

"Em terra de cego, quem tem um olho é rei". No Brasil, quem fala inglês é poliglota, quem sabe equações é matemático, quem leu um livro é intelectual.

O saber-de-cada-pessoa é
diretamente proporcional ao saber-
-coletivo-de-toda-a-sociedade.

O ensino a distância sofre hoje
a mesma resistência que, há
um século, sofreu o cinema
entre os que faziam teatro.

Se os filhos dos pobres começassem a nascer com apenas quatro dedos, todos se preocupariam; mas eles se tornam adultos com apenas quatro anos de estudos e poucos se preocupam.

Desde o século XIX, um prédio não
é considerado escola se não tiver
quadro-negro; no século XXI, um
prédio não pode ser considerado
escola só porque tem quadro-negro –,
ela precisa usar lousas inteligentes.

É preciso marcar a data em que o
último quadro-negro será levado
a um museu da educação.

O computador é o quadro-negro
do século XXI. Mas o computador
é como um cavalo, útil para
quem sabe montar, tem onde
guardar e gosta de cuidar.

A educação é uma religião: a escola
é o templo, os professores são
os sacerdotes, o conhecimento
é o céu e as crianças são as
almas a serem salvas.

O futuro tem duas pernas: crianças
e meio ambiente; a escola é o
caminho para ensinar as crianças
a cuidarem do meio ambiente.

O futuro de um
país tem a cara
de sua escola
no presente.

O berço da desigualdade está na desigualdade do berço: a escola desigual. O berço da igualdade está na igualdade do berço: a escola igual.

Uma pessoa nasce duas vezes: biologicamente, na maternidade; socialmente, na escola.

Construir uma escola custa menos do que não construí-la.

Universalizar a educação não é apenas ter 100% das crianças matriculadas; é também tê-las frequentando, assistindo, permanecendo, aprendendo até o final do ensino médio e aptas a continuar aprendendo ao longo de toda a vida.

Quando observamos a tragédia dos baixos resultados no ensino médio, esquecemos que de sua avaliação participam apenas os que chegaram até o seu final; não são levados em conta aqueles abandonados, que ficaram para trás.

Se alguém tivesse dormido por
30 anos e agora acordasse, não
reconheceria um banco, um
supermercado, uma casa lotérica,
um aeroporto, mas reconheceria a
escola dos pobres: ela não mudou.

Luto para que qualquer pessoa
possa implantar uma escola
particular e para que ninguém
precise pagar para estudar.

Um prédio não é uma escola se
não tiver teatro, biblioteca, sala de
leitura e debate, orquestra, palco
de balé e sala de cinema, além
de quadras para esportes.

Estamos décadas atrasados em relação ao mundo da inovação, e ainda dizem que é cedo para se implantar uma escola bem equipada, em horário integral, pagar muito bem os professores e exigir deles dedicação e qualificação.

Muitos pensam que outros países têm boas escolas porque são ricos; na verdade, eles são ricos porque têm boas escolas.

Não é a educação que vem da riqueza; é a educação que faz a riqueza. Educação é riqueza.

Escola sem poesia
é como igreja
sem prece.

A escola deve fazer aflorar:

capacidade de deslumbramento com a beleza;

indignação com a injustiça;

conhecimento das coisas;

respeito pela natureza;

habilidade para ao menos um ofício;

vontade de mudar o mundo;

capacidade de comunicação;

ânsia por uma utopia;

prazer de viver.

2

EDUCADOR E EDUCACIONISTA

A importância do Piso Nacional
do salário do professor não está
apenas no seu valor monetário,
mas no seu conceito de nacional.

No tempo do desenvolvimento
econômico, os engenheiros e
os economistas eram o motor
intelectual do progresso; no tempo do
educacionismo, serão os professores,
cientistas, artistas e intelectuais.

Houve o tempo dos construtores de pirâmides e dos construtores de fábricas; agora é tempo dos construtores de mentes.

Não basta ser educador, é preciso ser educacionista também.

Educador é quem educa em uma sala de aula; educacionista é quem luta para que todos os educadores tenham condições de educar a todos em todas as salas de aula.

O Brasil começará a ser um bom país quando, ao nascer uma criança,
seu pai disser:
"Quando crescer, será professor!".

Não há boa educação em uma
sociedade que não trata seus
professores como os profissionais mais
respeitados, mais bem preparados,
remunerados e seriamente avaliados.

O motor da escola é o professor.
Sempre será. Mesmo quando
ele estiver escondido no
software de um computador.

A educação de qualidade precisa
oferecer elevada remuneração ao
professor e exigir dele dedicação
exclusiva e estabilidade condicionada
a constantes avaliações.

No mundo atual, o papel do professor é ensinar o aluno a surfar nas ondas do conhecimento.

Cabeça, coração e bolso formam
a trindade do magistério: cabeça
bem formada, coração bem
motivado, bolso bem remunerado.

É possível imaginar um mundo sem
futebolistas e artistas, embora menos
alegre; é possível imaginar um mundo
sem médicos e engenheiros, embora
menos eficiente; mas é impossível
imaginar um mundo sem professores.

O futuro de um país tem o brilho dos
olhos de seus professores no presente.

3

EDUCAÇÃO E FUTEBOL

No futebol, a elite nacional vem das camadas mais pobres e está acima da mundial; no saber, a elite nacional vem das camadas mais ricas e está muito abaixo do topo mundial.

O Brasil é o país do futebol porque todos jogam com bola redonda desde os quatro anos de idade e desenvolvem plenamente seus talentos. Não é o país da ciência porque nem todos entram na escola aos quatros anos e a maioria a abandona antes de desenvolver seus talentos.

Felizmente, a elite brasileira não imaginou bolas quadradas para as "peladas" dos pobres nos subúrbios, mas, lamentavelmente, limitou a escola redonda apenas aos bairros onde moram os ricos. Fez escolas redondas para seus filhos e quadradas para os filhos dos pobres.

No início do século XX, o futebol era um esporte apenas de brancos e ricos; pobres e negros eram proibidos de jogar. Os craques eram raros. Quando todos os brasileiros conquistaram o direito de entrar em campo, o Brasil virou um celeiro de craques. Que o século XXI faça com a educação o mesmo que o século XX fez com o futebol: assegure a todos os brasileiros o direito de entrar em uma escola de qualidade e faça do Brasil um celeiro de sábios.

Se os negros e pobres continuassem proibidos de entrar em campo, como acontecia até os anos 1920, o Brasil dificilmente seria campeão mundial; se continuarem impedidos de entrar em boas escolas, dificilmente o Brasil será eficiente e justo.

4
CRIANÇA

Ao nascer, a criança, de qualquer classe social, é um poço de conhecimento a ser estimulado.

A exclusão educacional de uma única criança reduz o potencial do país e da humanidade.

Em cada pessoa que não foi educada, ficaram escondidas maravilhas da arte e da ciência.

Cada criança carrega um pedaço do futuro de seu país e de toda a humanidade.

No Brasil, algumas crianças têm computadores em casa, outras carregam fuzis nas ruas; por isso, são necessários muros para proteger os que têm computadores daqueles que têm armas.

Que nossas crianças apertem
botões de computador, em vez de
puxarem gatilho de revólver; que
brinquem, em vez de traficarem.

A cada minuto letivo, cinco crianças
abandonam a escola, atiradas pela
janela do trem da história, impedidas
de oferecer a contribuição dos
seus talentos perdidos, deixados
para trás ao longo do caminho.

Cada criança jogada fora da
escola é um cérebro a menos
para desenvolver o Brasil.

Indignávamo-nos com a censura,
a tortura, o exílio, os presos na
cadeia; acabada a censura, terminada
a tortura, conquistada a anistia e
libertados os presos, acomodamo-nos
com a exploração sexual de crianças,
o trabalho infantil, o alcoolismo de
adolescentes, as crianças na rua.

A educação de uma criança começa
com os primeiros olhares trocados
entre o futuro pai e a futura mãe.

Se as crianças pudessem votar, conhecendo o futuro que lhes espera, certamente não votariam nos políticos de nossa história.

5
POLÍTICA

A maior prova da falta de patriotismo
da elite foi a exclusão da maioria
pobre de uma educação rica e, em
consequência, a condenação da
minoria rica a uma educação pobre.

O maior atraso da elite brasileira
é não perceber que a base
do desenvolvimento está na
educação rigorosa e de qualidade
para todo o povo brasileiro.

A maior perversão do imaginário
político brasileiro é o fato de os pobres
aceitarem que a educação de qualidade
é direito apenas dos filhos dos ricos.

No futuro, os historiadores terão dificuldades para explicar porque o Brasil tratou tão mal suas crianças.

Há políticos que veem primeiro o partido, depois a causa; outros veem primeiro a causa, depois o partido. Os primeiros buscam apenas o poder, os outros buscam construir um mundo melhor.

Corremos riscos de vida para conquistar a democracia, mas nos omitimos de lutar pelo direito de toda criança a uma escola de qualidade.

O Brasil precisa de uma escola igual para todos: o filho do trabalhador na mesma escola que o filho do patrão; o filho do pobre na mesma escola que o filho do rico; a escola da favela igual à escola do condomínio. Isso só acontecerá quando o filho do eleito estudar na mesma escola que o filho de seu eleitor.

Em uma República, é indecente
que os filhos dos eleitos não
estudem na mesma escola que
os filhos de seus eleitores.

Com as redes nacionais de escolas
privadas, os ricos brasileiros já
federalizaram a educação dos
seus filhos; hipocritamente,
consideram um despropósito
federalizar as escolas públicas, que
educam os filhos dos pobres.

A igualdade social começará quando
a filha da empregada estudar na
mesma escola que a filha da patroa.

Um banco pode se orgulhar de
doar seus computadores usados
às escolas públicas; mas o Brasil
só poderá se orgulhar quando
as escolas públicas doarem seus
computadores usados aos bancos.

Não há liberdade de imprensa em
um país onde 10% da população é
adulta analfabeta e 40% incapaz de
entender as notícias de um jornal.

O primeiro passo para a liberdade de
imprensa é educar a todos para ler e
entender o que a imprensa escreve.

O Brasil está dividido internamente
pelo muro da desigualdade e separado
do resto do mundo pelo muro do
atraso. Só a escola de qualidade
para todos é capaz de derrubar os
muros do atraso e da desigualdade.

O Brasil não será completo enquanto
não for feita a integração social
do povo brasileiro. O caminho
é um sistema educacional
de qualidade para todos.

O desenvolvimento econômico
conseguiu integrar o território,
mas não a sociedade brasileira.

Em um país com desigualdade
regional, a escola igual para todos
só é possível com a federalização
da educação de base.

Há uma Lei de Responsabilidade
Fiscal que torna inelegível o prefeito
que não usar com rigor os recursos
públicos; mas ainda não existe uma
Lei de Responsabilidade Educacional
para punir o prefeito que não
cuidar das crianças de sua cidade.

A proposta do socialismo era
distribuir renda pela estatização
dos meios de produção; a do
educacionismo é assegurar igualdade
no acesso ao conhecimento.

A revolução socialista prometia transferir o capital das mãos dos capitalistas para as mãos dos trabalhadores; a revolução educacionista propõe transferir o filho do trabalhador para a escola do filho do capitalista.

O socialismo prometia uma revolução
econômica pela estatização dos
meios de produção; o educacionismo
promete uma revolução mais radical:
a igualdade na qualidade educacional,
independente da origem da criança,
filha de trabalhador ou filha de patrão.

O partido da educação atravessa
todas as siglas políticas, e nenhuma
delas se identifica totalmente
como partido da educação.

Dizem que o imperialismo abriu
as veias da América Latina; na
verdade, foi a elite latino-americana
que tapou os neurônios da
América Latina, negando uma
escola de qualidade ao seu povo.

Não é difícil imaginar como o Brasil
seria diferente se, em vez de "Ordem
e Progresso", os republicanos tivessem
escolhido "Educação é Progresso".

Se um país inimigo desejasse
nos invadir, a melhor estratégia
seria impedir a educação do povo
brasileiro, como estamos fazendo.

O cérebro é a única fonte de energia:
o resto é água caindo, lama enterrada,
vento soprando, sol esquentando.
Mas, no Brasil, a cada minuto letivo,
tapamos cinco poços da fonte de
conhecimento, impedindo que todos
estudem em uma escola de qualidade.

Comemoramos o fato de haver 95%
de crianças matriculadas, em vez de
pedirmos desculpas pelo fato de 5%
delas ainda estarem fora da escola,
e apenas 33% conseguirem concluir
o ensino médio e, destes, apenas
metade com qualidade satisfatória.

Precisamos lubrificar as engrenagens
do Brasil, e não apenas jogar
creolina na podridão da superfície.
A polícia e a justiça podem cuidar
da corrupção na superfície, mas
a educação é o único lubrificante
da engrenagem social.

A mudança do nome *Bolsa Escola* para *Bolsa Família* provocou um efeito devastador na consciência das mães. Antes, a mãe pensava: "Recebo a *Bolsa Escola* porque meu filho estuda, e graças à escola sairemos da pobreza e não precisaremos mais dela". Hoje, ela pensa: "Recebo a *Bolsa Família* porque minha família é pobre, e se sairmos da pobreza vamos perdê-la".

Se não vier acompanhado por um programa educacional de qualidade para todos, o Bolsa Família continuará a ser um programa de assistência social, sem poder transformador.

Dedicamos mais esforço de engenharia para garantir prisões seguras do que para construir escolas confortáveis.

O povo brasileiro percebe a corrupção
no comportamento dos políticos, mas
fecha os olhos para a corrupção nas
prioridades das políticas. A maior
dessas corrupções é o abandono
da educação do povo brasileiro.

Os ricos brasileiros dizem estar
cansados da corrupção na política,
mas continuam mantendo a
corrupção nas prioridades, impedindo
o país de fazer a revolução educacional.

Diferença de renda
e de consumo
é desigualdade;
diferença no
acesso à educação,
à saúde e à justiça
é imoralidade.

Os ricos dizem estar cansados
de ver crianças pobres nos sinais
de trânsito; cansaço que vem
do medo e do incômodo, não
de uma tristeza solidária ou de
uma vergonha responsável.

Uma nação pode sobreviver com
desigualdade em relação às roupas
do rico e do pobre, aos restaurantes
do rico e do pobre; pode sobreviver
tendo aeroporto de luxo e paradas de
ônibus desconfortáveis; mas não pode
crescer com eficiência e dignidade
com uma escola para ricos e outra
para pobres; um hospital para ricos
e outro para pobres; uma justiça
para ricos e outra para pobres.

A sociedade brasileira é tão hipócrita
que se dizia horrorizada com o
apartheid sul-africano, que não
deixava os negros estudarem em boas
escolas, frequentarem as melhores
universidades, serem atendidos
em bons hospitais, conseguirem
empregos com altos salários, morarem
em boas casas, comprarem em
shopping centers. Tão hipócrita que não
aceita traduzir o termo *apartheid* por
apartação, para indicar a exclusão dos
pobres na dividida sociedade brasileira.

O movimento negro luta por cotas
para que alguns jovens negros
ingressem na universidade, mas não
luta para que todas as crianças negras
terminem o ensino médio. Talvez seja
o medo de que, educando a todos,
as cotas sejam disputadas por um
número maior de jovens negros.

Os defensores das cotas querem, corretamente, que os jovens negros de classe média entrem na mesma universidade dos filhos dos brancos ricos, mas não lutam para que os filhos do pobres estudem na mesma escola básica dos filhos dos ricos.

Mais do que todas as outras, o Brasil precisa de uma cota por idade: 100% de alfabetizados a partir dos 7 anos.

Desigualdade, violência, corrupção, atraso técnico-científico, dependência econômica, ineficiência, desperdício, flagelados, retirantes, concentração de renda, degradação ambiental, meninos de rua, exploração sexual de crianças e adolescentes, exclusão social, desabrigados, infraestrutura obsoleta, burocracia, impunidade e injustiça formam a colheita germinada pela semente da deseducação.

A democracia deve garantir o direito de funcionamento de escolas pagas e fazer o possível para que elas não sejam necessárias.

A escola que não muda não muda o mundo.

Em qualquer cidade, as agências
do Banco do Brasil são igualmente
bonitas, seus servidores têm a
mesma qualificação, o mesmo plano
de carreira, salários e seguros e
usam equipamentos igualmente
modernos: é preciso e é possível
fazer o mesmo com as escolas.

Às vezes, sindicatos e governos parecem
disputar qual deles é o campeão
nacional do desprezo à educação.

6

EDUCAÇÃO E HISTÓRIA

O Brasil precisa deixar de ser o país *do* futuro e se tornar um país *no* futuro: o caminho é a revolução educacionista.

A evolução da educação de base no Brasil lembra o lento processo para minorar a escravidão, sempre adiando a abolição.

Há 150 anos, o Brasil aboliu os navios negreiros, mas até hoje mantém as escolas negreiras. Os navios negreiros traziam negros da África para a escravidão na América; a escola negreira leva crianças da pobreza presente para a exclusão no futuro.

Em um ano, jogamos mais cérebros
para fora do sistema educacional
do que no passado jogamos
corpos de escravos ao mar, ao
longo dos séculos da escravidão.

A sociedade brasileira é violenta não
apenas porque bandidos matam
inocentes, mas também porque
durante quase quatro séculos
sequestramos africanos, tratando-os
como mercadorias, vendendo-os em
mercado, separando mães de filhos,
obrigando-os ao trabalho forçado;
e quando proibimos os navios
negreiros e alforriamos os últimos
escravos, mantivemos a escravidão
do analfabetismo e da deseducação.

A violência *na* escola é menor
do que a violência *da* escola.

A escola brasileira é como
um navio que, a cada minuto,
joga crianças ao mar.

Se os governadores e prefeitos de hoje
estivessem no cargo em 1888, alguns
deles pediriam uma Declaração de
Inconstitucionalidade para a Lei
Áurea, como pediram agora para a
Lei do Piso Salarial do Professor.

Cento e cinquenta anos depois da proibição do tráfico de escravos, cidades turísticas do litoral brasileiro mantêm fluxo de prostitutas adolescentes em lanchas que as levam a navios-prostíbulos. Mudou o tipo e a idade da mercadoria humana, mudou o propósito no uso do corpo vendido, inverteu-se a direção geográfica dos barcos e diminuiu-se o tempo da viagem, mas não mudou o tamanho da imoralidade e da vergonha.

Por anos, a ideia da Abolição da escravatura foi uma proposta subversiva; ainda mais subversiva é a ideia de os filhos dos pobres estudarem nas escolas dos filhos dos ricos. Mais subversiva e mais completa.

Se o Projeto da Lei Áurea chegasse agora ao Congresso, muitos questionariam o custo de liberar escravos, como questionam quanto custa construir escolas para alforriar os brasileiros de hoje.

Completar a abolição exige que a escola da Senzala de hoje – a favela – seja igual à escola da Casa-Grande de hoje – o condomínio.

A escola desigual
é vista hoje como
um fenômeno tão
natural quanto
antes era vista
a escravidão.

Antes do final do século XIX, a escravidão era um sistema normal, separando raças; no século XX, estivemos acostumados com a desigualdade social, separando pobres e ricos; no século XXI, estamos nos acostumando com a dessemelhança que dividirá a espécie humana.

O conhecimento que diferenciou os pré-humanos dos humanos está sendo usado para criar os pós-humanos: os neo-*Homo sapiens*, uma nova espécie biológica que deixará os *Homo sapiens* para trás, como antes aconteceu com os Neandertais.

O analfabetismo
é uma tortura
sem sangue.

Um país com 10 milhões de adultos analfabetos não tem moral para criticar a falta de respeito aos direitos humanos em outros países.

Foi a falta de lápis na infância que levou muitos adultos ao uso de armas.

Para acabar com a violência, precisamos de cadeias; para construir a paz, precisamos de escolas.

7

UNIVERSIDADE
E EDUCAÇÃO
BÁSICA

Os pobres não chegam à universidade porque não podem estudar muito; por isso, os ricos saem da universidade sem precisar estudar muito.

Um país que abandona ⅔ de seus cérebros, deixados para trás antes de concluírem a educação básica, tem um ensino superior pelo menos ⅔ aquém da qualidade que poderia ter.

A debilidade do ensino superior brasileiro decorre da falta de talento de muitos que não puderam estudar; e da falta de estímulo aos poucos que não precisam, porque não têm com quem disputar.

Os poucos ricos não entram no gramado onde joga a seleção porque têm de disputar com os muitos pobres; os muitos pobres não entram no *campus* onde estudam os poucos ricos porque não tiveram a chance de estudar.

No Brasil, ⅔ ficam impedidos de se desenvolver intelectualmente por causa da exclusão e ⅓ por falta de motivação, estímulo, competição.

Tentam melhorar a universidade dentro dela, esquecendo que a educação de base sem qualidade puxa a universidade para baixo. A má qualidade da universidade vem da má qualidade da educação de base.

Nenhum brasileiro ganhou um Prêmio Nobel porque não aprenderam a ler e a fazer as quatro operações em tempo.

Não há universidade de qualidade sem
educação de base com qualidade para
todos. Não há reforma universitária
completa sem uma completa
reforma na educação de base.

Não tem futuro o país que reduz
sua elite de pensadores a uma
pequena parcela que ingressa no
ensino superior graças à exclusão
das massas na educação básica.

O Brasil é um país com as prioridades
de cabeça para baixo: é mais forte
a ênfase no aumento das vagas nas
universidades do que no aumento
do número de alunos concluindo
o ensino médio com qualidade.

Muitos são contra as cotas para a
inclusão de negros na universidade,
mas aceitam beneficiar-se das
cotas de exclusão social dos pobres
ao longo da educação de base.

Não faz sentido o sistema educacional
que oferece mais vagas de calouros
no ensino superior do que número
de concluintes do ensino médio.

Uma elite restrita
a poucos que têm
conhecimento
é uma elite
restrita a pouco
conhecimento.

No Brasil, todos os que entram na universidade estão protegidos por cotas que excluem os que não terminam o ensino médio em boas escolas.

No Brasil, para ser um grande
intelectual basta ter lido um pouco
mais do que os analfabetos funcionais.

Os doutores que hoje se manifestam
contra as cotas para negros
provavelmente fizeram seus
doutorados em universidades
estrangeiras, graças às cotas para
brasileiros, exilados, católicos,
evangélicos, filhos de ricos, amigos
dos professores e outros grupos
beneficiados com vagas reservadas.

Não gostamos de remédio, mas,
quando é preciso, tomamos; o
Brasil não gosta de cotas, mas
precisa aceitá-las, sabendo que
são paliativos para mestiçar a cara
branca da elite intelectual brasileira.

8

ECONOMIA E ÉTICA

No século XVIII, o trabalhador-
-escravo precisava apenas da força dos
braços para manejar a enxada; no
século XX, o trabalhador-operário
precisava de habilidade manual para
manejar ferramentas mecânicas; no
século XXI, o trabalhador-operador
usará apenas as pontas dos dedos,
se tiver o conhecimento necessário
para mover máquinas inteligentes.

A maior crise não está na falta
de petróleo, mas na falta de
conhecimento para inventar
formas alternativas de energia.

O conhecimento é o único patrimônio que o doador aumenta quando distribui.

O Brasil é capaz de descobrir, captar, transportar e beneficiar o petróleo enterrado no fundo do mar, mas não é capaz de aproveitar a energia dos cérebros dos brasileiros.

Mais importante que o
conhecimento sobre energia é
a energia do conhecimento.

Fazer a revolução educacional não
é mais difícil que industrializar um
país; apenas é menos atraente para
os que veem a indústria como o
principal objetivo de uma sociedade
e não percebem os novos tempos
da economia do conhecimento.

O capital do século XXI não é
o dinheiro investido em uma
máquina, é o conhecimento
contido nela e no seu operador.

De cada dez
crianças, menos de
quatro terminam
o ensino médio
e apenas uma
recebe formação
satisfatória para
os tempos atuais.

Se o Brasil tratasse seu petróleo como trata suas crianças, de cada dez poços que descobrisse, nove seriam tampados.

Há dois tipos de economistas: uma maioria que se dedica a depredar os recursos naturais para aumentar a riqueza e uns poucos que se preocupam em diminuir a pobreza, mantendo a riqueza natural.

A escola desigual é o muro, a escola igual é a ponte entre os dois lados de uma sociedade desigual.

Equilíbrio ecológico é o caminho para garantir a mesma chance entre gerações; educação é o caminho para garantir a mesma chance entre classes sociais.

9

ANALFABETISMO E LEITURA

Os direitos humanos consideram a tortura um crime contra a humanidade, mas não tratam como crime deixar milhões de adultos no analfabetismo.

Os republicanos brasileiros passaram quatro dias discutindo para escolher onde colocar cada uma das estrelas que compõem nossa bandeira, mas não lembraram que 65% da população da nova República – 6,5 milhões de habitantes – seria incapaz de reconhecer sua nova bandeira, porque não sabia ler "Ordem e Progresso". Cento e vinte anos depois, temos 13 milhões de adultos, duas vezes mais, que não reconhecem nossa "bandeira republicana".

Servindo no exército brasileiro para
defender a pátria, há soldados que não
reconhecem a bandeira nacional, por
não saberem ler o que nela está escrito.

Para milhões de brasileiros adultos,
nossa bandeira continuará parecendo
a mesma, ainda que as letras de
seu lema sejam misturadas, ou
escritas em outro idioma.

Ou o Brasil erradica o analfabetismo,
ou retira o texto escrito em sua
bandeira. Ou ensinamos todos
os brasileiros a ler, ou deixamos
apenas as cores na nossa bandeira.

As pessoas ligadas pela leitura
de um livro formam uma nação
mais solidária do que aquelas
reunidas pela geografia.

O analfabetismo escraviza os
adultos e pune as crianças pela
falta de pai e mãe alfabetizados.

Se o analfabetismo contaminasse, as elites dirigentes já o teriam erradicado.

10 MANDAMENTOS EDUCACIONISTAS

Alfabetizarás o teu próximo como a teu próprio filho.

Apagarás os incêndios na
casa de teu vizinho como se
fosse em tua própria casa.

Dividirás com os parentes, amigos
e desconhecidos a comida
e o remédio que tiveres.

Procurarás sempre a verdade,
qualquer que seja o custo.

Mostrarás a beleza a todos
que estiverem ao teu redor.

Falarás com aqueles que não ouvem,
ouvirás os que não falam, mostrarás
aos que não veem, caminharás
com os que não andam.

Tratarás como teu filho cada
criança abandonada na rua.

Protegerás cada árvore como
se fosse um ser querido.

Respeitarás cada espécie animal
como parte de tua família.

Cuidarás da Terra como de
tua própria morada.

11

SER EDUCACIONISTA É...

Ver a educação de qualidade para
todos como o vetor do progresso
econômico, social, cultural e político.

Lutar pelo que parece impossível:
que o filho do mais pobre estude na
mesma escola que o filho do mais rico.

Defender que o filho do eleito
frequente a mesma escola
que o filho do eleitor.

Lutar pela igualdade de oportunidade
para cada criança, por meio de uma
escola de qualidade igual para todas,
dos quatro aos dezoito anos de idade.

Exigir que toda escola funcione
em horário integral.

Entender que o capital do futuro é o conhecimento.

Fazer o progresso material em harmonia com a natureza.

Preferir o lema "Educação é Progresso" na bandeira nacional.

Propor que o Brasil adote a geração atual de crianças, concentrando nelas todos os recursos necessários.

Perceber que os males do Brasil são frutos da colheita germinada pela semente da deseducação, cultivada ao longo de 500 anos pela filosofia política, pela falta de patriotismo, pelo egoísmo e pela burrice histórica das elites dirigentes do país.

Saber que a educação começa na
gestação biológica do futuro aluno
e só termina no final de seus dias.

Subordinar o progresso
técnico aos valores éticos.

Acreditar que a utopia não morreu.

Definir o propósito da utopia em
uma humanidade conectada, graças
à educação de qualidade para todos.

Medir o progresso pelo aumento
do tempo livre e o acúmulo social
da cultura, do conhecimento,
da ciência e da tecnologia.

Defender a ideia do orçamento-criança, privilegiando recursos públicos para os serviços educacionais.

Só tolerar a desigualdade na renda e no consumo se ela for consequência da diferença de talento e persistência entre pessoas que tiveram a mesma oportunidade de educação.

Militar no Movimento Educacionista para convencer as mentes e ganhar os votos necessários para fazer a revolução educacional no Brasil.

Fazer a profissão de professor ser respeitada, compensadora, promissora e comprometida.

Livros publicados pelo autor

Ensaios

- » Avaliação econômica de projetos, 1984.
- » A desordem do progresso: o fim da era dos economistas e a construção do futuro, 1993.
- » O colapso da modernidade brasileira e uma proposta alternativa, 1991.
- » A revolução na esquerda e a invenção do Brasil, 1992.
- » A revolução nas prioridades: da modernidade técnica à modernidade ética, 1993.
- » O que é apartação: o *apartheid* social no Brasil, 1993.
- » A cortina de ouro: os sustos do final do século e um sonho para o próximo, 1998.
- » A aventura da universidade, 2000.
- » Admirável mundo atual: dicionário dos horrores e das esperanças do mundo globalizado, 2001.
- » A revolução republicana na educação, 2011.
- » Da ética à ética: minhas dúvidas sobre a ciência econômica, 2012.
- » Desafios à humanidade: perguntas para a Rio+20, 2012.

Coletânea de artigos

» Os instrangeiros: a aventura da opinião na fronteira dos séculos, 2002.
» Sou insensato, 2007.

Ficção

» A ressurreição do general Sanchez, 1981.
» Astrícia, 1984.
» A eleição do ditador, 1988.
» Os deuses subterrâneos: uma fábula pós-moderna, 1994.

Relato de viagem

» Os tigres assustados: uma viagem pela fronteira dos séculos, 1999.

Infanto-juvenis

» O tesouro na rua: uma aventura pela história econômica do Brasil, 2000.
» A borboleta azul, 2005.

Outros

» O berço da desigualdade, 2005.
» Foto de uma conversa: Celso Furtado e Cristovam Buarque, 2007.

No prelo

» História, teoria e utopia por trás da Bolsa Escola, 2012.
» Reaja, 2012.

Os papéis utilizados neste livro, certificados por instituições ambientais competentes, são recicláveis, provenientes de fontes renováveis e, portanto, um meio responsável e natural de informação e conhecimento.

Impressão: Reproset